DU

DROIT A L'AFFOUAGE

(PARTAGE PAR FEU)

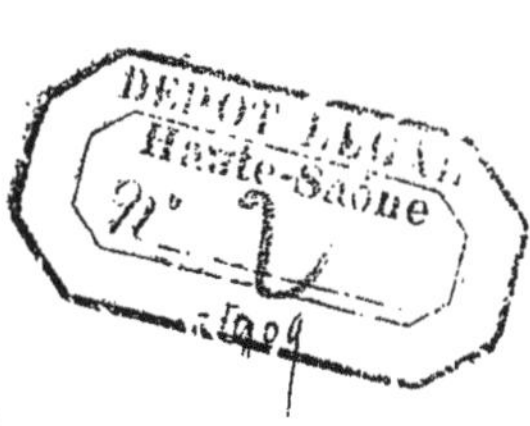

COMMENTAIRES PRATIQUES

Des Lois du 19 Avril 1901 et du 26 Mars 1908

PAR

Georges HUGUET

Avocat au Barreau de Gray

GRAY

Imprimerie de Gilbert Roux

1908

DU

DROIT A L'AFFOUAGE

(PARTAGE PAR FEU)

COMMENTAIRES PRATIQUES

Des Lois du 19 Avril 1901 et du 26 Mars 1908

PAR

GEORGES HUGUET
Avocat au Barreau de Gray

GRAY
IMPRIMERIE DE GILBERT ROUX
1908

DU DROIT A L'AFFOUAGE

COMMENTAIRES PRATIQUES

DES LOIS DU 19 AVRIL 1901 ET DU 26 MARS 1908

Il n'y a peut-être pas de loi qui soit d'une application plus fréquente ; il n'y en a peut-être pas aussi de plus mal connue. C'est qu'un très grand nombre, connaissant la législation de 1883, s'imaginent que les lois de 1901 et de 1908 n'ont apporté à cette dernière que des changements sans importance. Grossière erreur ! Les lois de 1901 et de 1908 ont modifié profondément la législation sur l'affouage.

Je voudrais étudier ici, en me plaçant à un point de vue purement pratique, le paragraphe de ces lois, relatif au partage par feu, celui presque partout admis en Haute-Saône (1).

En deux chapitres, j'examinerai :

1° Les conditions exigées pour y participer ;

2° Les voies de recours possibles contre la décision du Conseil municipal qui a statué en matière d'affouage (2).

---

(1) En ce qui concerne l'année 1907; dans la Haute-Saône, sur 523 communes distribuant l'affouage, 509 ont adopté le partage par feu.

(2) Je n'examinerai ni les titres contraires ni la situation faite aux étrangers en ce qui concerne l'affouage, les difficultés pouvant se présenter relativement à ces questions étant fort rares.

CHAPITRE Ier

Conditions de participation au partage par feu

I. — *Texte de la loi*

Article unique. — L'art. 105 du Code forestier est modifié ainsi qu'il suit :

S'il n'y a titre contraire, le partage de l'affouage, qu'il s'agisse des bois de chauffage ou des bois de construction, se fera de l'une des trois manières suivantes :

1° Ou bien par feu, c'est-à-dire par chef de famille ou de ménage, ayant domicile réel et fixe dans la commune avant la publication du rôle ;

..... Sera seul considéré comme chef de famille ou de ménage, celui ayant réellement et effectivement la charge ou la direction d'une famille, ou possédant un ménage distinct où il demeure et où il prépare et prend sa nourriture.....

Le Conseil municipal aura la faculté de décider que pour avoir droit de participer au partage de l'affouage, il sera nécessaire, au moment de la publication du rôle, de posséder depuis un temps qu'il déterminera, mais qui n'excédera pas six mois, un domicile réel et fixe dans la commune. (Loi de 1908).

II. — *Commentaire de la loi*

Le partage par feu est celui qui a lieu par chef de famille ou de ménage, ayant domicile réel et fixe dans la commune avant la publication du rôle.

Trois conditions sont donc exigées pour avoir droit à l'affouage :

1° Etre chef de famille ou de ménage;

2° Avoir domicile réel et fixe dans la commune ;

3° Avoir semblable domicile avant la publication du rôle.

Première condition. — Etre chef de famille ou de ménage

Qu'est-ce qu'un chef de famille ou de ménage? — Sera seul considéré, nous dit la loi, comme chef de famille ou de ménage, l'individu ayant réellement et effectivement la charge ou la direction d'une famille ou possédant un ménage distinct où il demeure et où il prépare et prend sa nourriture.

Ainsi, on est chef de famille quand on a réellement et effectivement la charge ou la direction d'une famille — chef de ménage, quand on a un ménage distinct où l'on demeure et où l'on prépare et prend sa nourriture.

A. — *Chef de famille.* — Dans quels cas a-t-on réellement et effectivement la charge ou la direction d'une famille? — La famille, c'est la réunion des individus vivant sous le même toit et sous la puissance d'un même chef. Avoir la direction d'une famille, c'est ne pas être sous la puissance d'autrui, être maître de sa personne et de ses biens, avoir d'autres personnes sous sa puissance. Ceux donc qui sont placés par la loi ou par leur propre volonté sous la dépendance d'un autre ne sont pas chefs de famille. Il en est ainsi des interdits, des mineurs et des femmes mariées. Encore une restriction s'impose-t-elle pour ces deux dernières catégories : les mineurs — s'ils sont émancipés ; — les femmes mariées — si elles sont veuves, séparées de corps ou divorcées — étant alors maîtres de leurs personnes et de leurs biens, seront chefs de famille, s'ils ont des enfants vivant avec eux.

Avoir la charge d'une famille, c'est supporter les dépenses qu'entraîne l'entretien de tous ceux qui vivent sous votre puissance, et pourvoir à leurs besoins.

Sont donc seuls chefs de famille : 1° l'homme marié même sans enfants ; 2° l'homme ou la femme ayant des enfants adoptifs ou des enfants naturels vivant avec lui ; 3° le conjoint divorcé ou séparé de corps auquel on a confié la garde des enfants ; 4° le veuf ou la veuve ayant des enfants vivant avec lui.

Mais que dire dans le cas où deux individus parents, ayant l'un et l'autre des enfants, habitant des appartements séparés dans la même maison, prendraient leurs repas en commun? Chacun d'eux aurait-il droit à une portion d'affouage? En d'autres termes le fait de prendre ses repas avec une autre famille à une table commune suffit-il à faire perdre à un ayant-droit la qualité de chef de famille? A cette question, nous répondrons négativement : la préparation de la nourriture n'est pas une condition essentielle de participation à l'affouage. La loi, dit, en effet « la charge ou la direction d'une famille ». Admettre l'affirmative serait donner à la loi une interprétation beaucoup trop rigoureuse.

Un exemple : je suppose une maison occupée par deux ménages distincts : un veuf vivant seul — son fils marié et père de famille. Si le père va prendre ses repas chez son fils. celui-ci seul aura droit à l'affouage ; si, au contraire, la famille du fils allait prendre ses repas chez le père veuf, chaque ménage aurait droit à une part d'affouage; le fils sera chef de famille, le père chef de ménage.

B. — *Chef de ménage.* — On mérite ce qualificatif quand on possède un ménage distinct où l'on prépare et prend sa nourriture.

Qu'est-ce que préparer — qu'est-ce que prendre sa nourriture? Le terme de préparer n'est pas exclusif, La loi n'exige pas que l'on prépare soi-même sa nourriture, on peut la faire préparer par des domestiques, Mais je ne crois pas qu'aurait droit à l'affouage celui qui, ayant un ménage distinct, prendrait chez lui des aliments toujours préparés au dehors. La loi réunit, en effet, les mots « prépare » et « prenne » par la conjonction « et ». Elle exige donc la double condition. Toutefois « préparer et prendre » ne signifient pas préparer et prendre continuellement ; le législateur a seulement voulu exiger qu'on les prépare et les prenne chez soi habituellement; c'est du moins ainsi que la loi a été interprétée par la Jurisprudence.

D'après le Conseil d'Etat, en effet, a droit à l'affouage, comme chef de ménage, le cultivateur qui a une maison où il est installé, alors même qu'il prend souvent ses repas en commun avec son père, tantôt chez lui, tantôt chez celui-ci (1). S'il ne prend pas tous ses repas chez lui, c'est par suite d'un arrangement de famille ou des exigences de sa profession, et cela importe peu.

De même a droit à l'affouage une femme qui, travaillant généralement à la journée chez un cultivateur de la commune, possède un ménage distinct où elle prépare et prend sa nourriture lorsque son travail ne la retient pas hors de son habitation personnelle (2).

Mais n'auraient pas tous deux droit à l'affouage, comme chefs de ménage, deux vieux garçons qui prépareraient et prendraient leurs repas chez eux en commun. Ils n'auraient pas, en effet, de ménage distinct, ce que veut la loi ; un seul pourrait être inscrit sur le rôle. Avoir un ménage distinct, c'est ne pas préparer et prendre habituellement sa nourriture chez autrui.

Autrefois, sous l'empire de la loi de 1883, la communauté de table n'était pas un obstacle à la participation à l'affouage. Avait droit à l'affouage, celui qui possédait des propriétés divisées, qui exerçait une industrie distincte, qui avait des intérêts séparés. Il importait peu qu'il ne consommât pas sa nourriture à son domicile. Aussi que d'abus étaient commis ! Dans presque toutes les communes apparaissaient les baux, les partages fictifs. Les lois de 1901 et 1908 ont voulu mettre un terme à ses fraudes. Aujourd'hui pour être chef de ménage, il faut préparer sa nourriture chez soi et la prendre chez soi.

En résumé, il y a deux classes de gens : les chefs de famille, que la loi définit : ce sont ceux qui ont *réellement* et *effectivement* la charge ou la direction d'une famille — les

(1) Arrêt du 10 novembre 1905.
(2) Arrêt du 22 décembre 1905.

chefs de ménage, que la loi définit également : ce sont ceux qui ont un *ménage distinct*, où ils préparent *et* prennent ordinairement leur nourriture.

C'est bien ce qu'indique un arrêt du Conseil d'Etat du 1er février 1907. « Considérant, dit cet arrêt, que d'après l'art. 105 For., tel qu'il a été modifié par la loi de 1901, il faut être reconnu posséder un feu, justifier de la qualité de chef de famille ou de ménage, et que seul doit être considéré comme chef de famille ou de ménage celui qui a réellement et effectivement la charge et la direction d'une famille, où qui possède un ménage distinct où il demeure et où il prépare et prend sa nourriture ;

Considérant qu'il résulte de l'instruction que le sieur T... n'est pas marié, et que s'il a pris des immeubles en location, il demeure néanmoins et prend sa nourriture chez son père, qu'ainsi il ne réunit pas les conditions exigées pour avoir droit personnellement à l'attribution d'un lot communal ».

Le sieur T... n'était pas marié, n'était par conséquent pas chef de famille. Il ne pouvait être que chef de ménage ; mais prenant sa nourriture chez son père, il ne remplissait pas la condition exigée pour mériter ce qualificatif. N'étant ni chef de famille, ni chef de ménage, il n'avait pas droit à l'affouage.

Quelques exemples :

1° Un propriétaire rentier, veuf, sans enfants, a une maison qu'il habite et prend ses repas avec un autre ménage.

Il n'a pas droit à l'affouage. En effet : il n'est pas chef de famille, puisqu'il n'a personne sous sa puissance ; il n'est pas chef de ménage, puisqu'il ne prend pas sa nourriture chez lui.

2° Un veuf (ou une veuve) vit avec sa fille et son gendre ; ils prennent leurs repas en commun.

Il n'est pas chef de famille ; sa fille, en effet, est en puissance de son mari. Mais est-il chef de ménage ? Oui, si les repas sont pris dans sa maison.

3° Un veuf habite avec sa fille veuve et les enfants de celle-ci. Il n'est pas chef de famille, il n'a personne sous sa puissance; sa fille, veuve, n'est pas sous sa puissance. Mais il peut être chef de ménage ; il le sera si sa fille et les enfants de celle-ci prennent leur nourriture chez lui.

4° Un instituteur célibataire prend pension dans un restaurant du village ou se fait apporter de l'hôtel la nourriture qu'il prend.

Il n'a pas droit à l'affouage. En effet, célibataire, il n'est pas chef de famille ; prenant sa nourriture chez autrui, en tous les cas ne la préparant pas chez lui, il n'est pas chef de ménage.

Ajoutons que cette qualité de chef de famille ou de ménage doit exister avant la publication du rôle. Ceci ne se trouve pas dans la loi, mais il ne faut pas se limiter strictement à la lettre du texte, il faut encore rechercher son sens vrai ; or, l'intention du législateur a bien été d'exiger la qualité de chef de famille ou de ménage au moment de la publication du rôle (1). De là, il suit que l'habitant, chef de famille ou de ménage à cette époque, a, dès cet instant, un droit acquis à l'affouage, droit qu'il ne pourra perdre alors même qu'avant la distribution affouagère il perdra sa qualité. De même, l'individu qui deviendrait chef de famille ou de ménage postérieurement à la publication du rôle, mais avant la distribution affouagère, n'aurait pas droit d'y participer.

Etre chef de famille ou de ménage avant la publication du rôle, voilà la première condition qu'on doit remplir pour *avoir droit* à une part d'affouage quand le partage a lieu par feu.

Mais pour triompher dans un procès il ne suffit pas d'avoir droit, il faut encore le prouver. Je suppose, par exemple, que vous n'êtes pas marié, que vous n'avez pas d'enfants vivant avec vous, mais que vous avez une habita-

(1) La loi de 1901 ne fait que reproduire sur ce point la loi de 1883 ; or, les travaux préparatoires de celle-ci ne laissent planer aucun doute sur l'intention législateur.

tion distincte où vous préparez et prenez votre nourriture. Vous avez droit à une part d'affouage comme chef de ménage. Cependant le Conseil municipal refuse de vous inscrire sur le rôle sous prétexte que vous prenez votre nourriture chez vos parents qui habitent une maison voisine de la vôtre. Vous vous adressez au Conseil de préfecture pour faire respecter vos droits. Le Conseil, devant les affirmations contradictoires, nomme un expert à l'effet de rechercher si véritablement vous avez un ménage distinct où vous préparez et prenez votre nourriture. Comment prouverez-vous à cet expert que vous remplissez les conditions exigées par la loi ? Vous amènerez à la mairie, où vous serez convoqué, des témoins qui affirmeront vous avoir vu très souvent préparer et prendre votre nourriture chez vous ; vous présenterez les notes de *vos* fournisseurs constatant que *vous* achetez le vin, le pain, la viande, etc., etc ; vous conduirez l'expert dans votre maison, vous lui montrerez que vous avez un poêle, une batterie de cuisine, un service de table, etc. Ainsi vous aurez fait la preuve que vous pouvez préparer et prendre votre nourriture chez vous, et que vous le faites en réalité.

L'expert relatera tous ces témoignages, toutes ces constatations dans son rapport, et le Conseil de Préfecture déclarant que vous êtes chef de ménage ordonnera votre inscription sur le rôle de l'affouage dans votre commune — si toutefois vous y avez domicile réel et fixe, c'est la deuxième condition exigée par la loi.

Deuxième condition. — Avoir un domicile réel et fixe dans la commune.

Qu'est-ce que ce domicile réel et fixe ? En exigeant du domicile ces caractères de réalité et de fixité, le législateur a-t-il voulu, à côté du domicile civil, créer un domicile affouager spécial ? A cette question, presque tous les auteurs répondent négativement. Les mots réel et fixe paraissent avoir été introduits dans la loi, disent-ils, pour écarter de la liste affouagère ceux qui n'auraient dans la commune qu'une maison de plaisance ou une simple résidence de fait tandis que leurs intérêts et leurs affaires seraient effectivement ailleurs, mais il est bien certain que la loi a entendu se référer au Code civil.

Quant à nous, d'accord avec la jurisprudence actuelle, nous pensons que pour avoir droit à une part d'affouage, il ne suffit pas d'avoir son domicile légal dans une commune, il faut l'habiter effectivement, y avoir un domicile réel et fixe. Comment, par exemple, accorder une part d'affouage à une veuve qui, bien que domiciliée légalement dans une commune, réside chez ses parents dans une autre commune ? Le droit d'affouage n'est-il pas un avantage qui doit être réservé aux seuls habitants de la commune ?

Le domicile réel et fixe de l'art. 105 du Code forestier est donc le domicile de l'art. 102 du Code civil plus quelque chose, plus une certaine fixité dans la résidence ; c'est pour ainsi dire « une résidence effective et permanente ».

Posons d'abord d'une façon précise les règles du domicile civil. Le domicile, nous dit l'art. 102 du Code civil est le lieu du principal établissement. — Qu'est-ce que ce principal établissement ?

La question ne se pose évidemment que dans le cas où l'individu a plusieurs établissements, et alors elle peut être délicate à résoudre. La personne, en effet, qui a plusieurs résidences dans diverses communes fera tous ses efforts pour persuader à l'opinion publique et au conseil municipal qu'elle a son principal établissement dans la commune qui se trouve être la plus riche en bois.

On peut donner du principal établissement la définition suivante : « C'est le lieu où l'individu tient le siège et le centre de ses affaires ; où il a ses papiers ; qu'il ne quitte que pour quelque cause particulière ; d'où, quand il est absent, on dit qu'il est en voyage ; où, quand il revient, on dit qu'il est de retour. Ainsi, par le lieu du principal établissement, on doit entendre celui où l'on est fixé, auquel on est attaché plus spécialement, de telle sorte que si l'on s'en éloigne, c'est toujours pour y revenir après un délai plus ou moins long. (1)

Ce sera, on le comprend facilement, pour chaque espèce, une question de pure interprétation laissée à la sagesse des juges.

Mais une personne peut fort bien transférer son principal établissement d'un lieu dans un autre, changer de domicile. Comment s'opère et comment se prouve le changement de domicile ?

Le changement de domicile s'opère, nous dit la loi, par le fait joint à l'intention de transférer ailleurs son principal établissement. Deux éléments sont donc nécessaires : le fait et l'intention ; un seul ne suffirait pas.

Le fait consiste dans la prise de possession d'une autre habitation, l'intention consistant dans la volonté de transférer son principal établissement dans ce nouveau lieu. La preuve du fait, c'est-à-dire de l'habitation réelle dans le nouveau lieu n'offre aucune difficulté. Quant à celle de l'intention, elle résultera, nous disent les art. 104 et 105 du Code civil ou d'une double déclaration faite tant à la municipalité du lieu que l'on quitte qu'à celle du lieu où l'on va, ou des circonstances :

— Ou d'une double déclaration — La déclaration à l'une des deux municipalités seulement ne suffirait pas ; elle peut, en effet, n'annoncer qu'un projet auquel il n'a pas été donné suite ; il en serait de même d'une déclaration faite au greffe de la justice de paix du lieu que l'on veut quitter.

— Ou des circonstances. Celles-ci sont essentiellement variables ; on ne peut songer à poser à leur égard de règle précise, immuable ; on ne peut que citer les principales, celles d'où la jurisprudence fait le plus habituellement découler la preuve de l'intention de changer de domicile ; ce

(1) Carpentier. *Répertoire du Droit français.* V° Domicile.

sont : l'établissement du ménage dans la localité où la personne est allée se fixer ; la durée du séjour qu'elle y fait ; le paiement de la contribution personnelle qui n'est dûe que dans la commune où l'on a son domicile ; la vente des propriétés sises au lieu de l'ancienne habitation et l'acquisition d'autres biens dans le lieu de la nouvelle ; l'exercice permanent dans ce dernier lieu d'un commerce, d'une industrie ou d'une fonction publique temporaire et révocable ; la déclaration que la personne a faite dans les contrats, actes ou écrits, qu'elle est domiciliée au lieu de sa nouvelle habitation ; enfin, sa comparution en matière personnelle, devant le tribunal du nouveau lieu où elle habite, sans opposer l'exception d'incompétence, et en supposant que ce tribunal soit autre que celui devant lequel elle aurait dû être citée autrefois. (1)

Voilà les principes posés. Examinons maintenant très rapidement les différentes catégories de personnes au sujet du domicile desquelles des difficultés peuvent se présenter.

En ce qui concerne les domestiques, ouvriers, ils n'ont pas, nous dit l'art. 109 du Code civil, d'autre domicile que celui du maître chez qui ils habitent. Mais cette condition doit être remplie : il faut qu'ils habitent la même maison que leur maître. Par suite, le jardinier qui habite dans une maison séparée de celle de son maître n'a pas forcément le domicile de celui-ci ; il peut être considéré en raison des circonstances comme ayant conservé son ancien domicile.

Quant aux fonctionnaires, il faut distinguer : ceux qui remplissant des charges inamovibles sont domiciliés au lieu où ils sont nommés ; ceux qui sont soumis à la révocation se voient appliquer les principes généraux que nous avons posés plus haut.

Relativement à la femme mariée, il faut encore distinguer : Si elle n'est que séparée de fait ou séparée de biens, elle n'a pas d'autre domicile que celui de son mari ; si elle

(1) Baudry-Lacantinerie et Houques-Fourcades, t. I.

est séparée de corps ou divorcée, elle a un domicile qui lui est propre dans le lieu où il lui convient de s'établir.

Tels sont les principes et les règles qui déterminent le domicile civil.

Ce domicile civil ne suffit pas à conférer le droit à une portion affouagère. Pour ce, il faut encore qu'il soit « réel et fixe » Qu'est-ce que ce domicile réel et fixe ? — C'est pour reprendre les termes employés par M. le Ministre de l'Intérieur dans son mémoire de 1896 « une résidence effective et permanente » (1). — Et c'est bien ce qu'indique la jurisprudence la plus récente. Un arrêt du conseil d'Etat du 8 août 1899 nous dit, en effet, que « l'art. 105 du Code forestier a établi en matière d'affouage des conditions d'aptitude personnelle qui, même pour le domicile, sont distinctes de la loi civile ordinaire ». (2)

Sans passer en revue toutes les décisions identiques rendues en la matière, nous nous bornerons à citer deux arrêtés typiques de conseil de préfecture :

Par le premier rendu le 5 décembre 1899, le conseil de préfecture du Jura repoussait une demande d'inscription au rôle d'affouage formée par un sieur J... qui domicilié civilement à Prenovel, résidait effectivement à Rivière-Devant, chez son neveu, où il recevait les soins nécessités par son état maladif et son grand âge, et n'était demeuré en réalité dans son domicile légal qu'une demi-journée. « Considérant, dit l'arrêté, que l'art. 105 For. exige le domicile réel et fixe, on ne peut attribuer à l'apparition du sieur J... à Prénovel le caractère de réalité et de fixité exigé par la loi pour le domicile d'affouage distinct en cela du domicile du Code civil. (3)

Le 12 février 1904, le conseil de Préfecture de la Côte-d'Or rejetait de même la réclamation d'un sieur A... qui ayant

(1) *Revue générale d'administration*, 1896, t. II, p. 438.
(2) *Id.* 1902, III. 2.
(3) *Revue générale d'administration*, janvier 1908, p. 25.

fait élection de domicile dans la commune de Soirans, s'y étant marié, y ayant son ménage et son principal établissement, y payant ses contributions et y séjournant quand il pouvait, était clerc de notaire à Auxonne où il avait un pied à terre. « Cette situation, dit l'arrêté, ne lui permet pas d'habiter constamment Soirans ; il ne suffit pas d'avoir fixé son principal établissement dans une commune, conformément à l'art. 103. civ. pour acquérir le droit à l'affouage... ce droit s'acquiert dans des conditions spéciales qui ne sont pas déterminées par le Code civil. (1)

Ainsi, le domicile affouager n'est pas le domicile du Code civil, c'est « un domicile administratif », c'est le domicile civil, mais indubitablement stable.

Troisième condition. — Avoir pareil domicile avant la publication du rôle.

Il ne s'agit ici que du rôle provisoire ; aucune loi, en effet ne prescrit la publication du rôle définitif. Dans la Haute-Saône, « la liste provisoire doit être publiée à son de caisse les trois dimanches qui suivront sa formation et restera affichée pendant l'intervalle entre le premier et troisième dimanche (2).

Il faut, pour avoir droit à l'affouage, avoir son domicile réel et fixe dans la commune avant ce troisième dimanche, et l'acquisition du domicile postérieurement à la publication, quoique antérieurement à la distribution de l'affouage ne donnerait pas droit à une portion affouagère.

Cependant, la loi du 26 mars 1908 complétant sur ce point la loi de 1901 permet aux Conseils municipaux de décider que pour avoir droit à l'affouage, il faut au moment de la publication du rôle posséder ce domicile réel et fixe

(1) *Revue générale d'administration*, janvier 1908, p. 26.

(2) Arrêté réglementaire du 1er mars et 28 mai 1901, art. 12. Je ne crois pas toutefois que cet arrêté réglementaire soit régulier et oblige les maires ; je partage absolument sur ce point l'opinion de MM. Antoine et Ferry, de M. Germain qui voient là un abus de pouvoir.

un temps qu'il déterminera et qui n'excédera pas six mois. —

Telles sont les conditions exigées par les lois de 1901 et de 1908 pour participer à l'affouage, quand le partage a lieu par feu. Mais, comme je le disais il y a quelques instants, il ne suffit pas d'avoir droit, il faut encore le prouver. Que faire si le Conseil municipal ne vous a point inscrit sur le rôle et refuse de vous y inscrire malgré votre réclamation ? —

Quelles voies de recours vous sont ouvertes ?

CHAPITRE II

Voies de recours

Je suppose que le Conseil municipal de votre commune ait omis de vous inscrire sur la liste provisoire des affouagistes : vous remettez au Conseil municipal une note par laquelle vous protestez contre cette omission et exposez que vous êtes ou chef de famille ou chef de ménage et que vous aviez domicile réel et fixe dans la commune avant la publication du rôle. Le conseil cependant refuse de faire droit à votre réclamation et ne vous incrit pas sur le rôle définitif.

Y a-t-il un recours possible contre cette décision et dans ce cas à quel tribunal allez-vous vous adresser ?

Un recours contentieux est possible, et le Conseil de Préfecture est compétent (1).

Comment alors allez-vous vous y prendre ? —

Il faut adresser une requête aux Président et membres du Conseil de préfecture ; cette requête doit être faite en double, une sur papier timbré, l'autre sur papier libre. — Et vous pouvez l'adresser tant que le Conseil municipal n'a

(1) Arrêté du Tribunal des Conflits, 4 juillet 1896. D. 1897, 3, 71.
Conseil d'Etat, 4 août 1899. D. 1901, 3, 1.
Cassation, 7 juillet 1898. D. 1899, 1, 106.

pas dressé une nouvelle liste des affouagistes ; c'est du moins ce qu'a décidé le Conseil d'Etat dans deux arrêtés récents (1) : « Aucune disposition législative ni réglementaire, n'indique un délai avant l'expiration duquel les demandes en inscription au rôle de l'affouage doivent être produites à peine de déchéance ; est par conséquent recevable une demande présentée après l'homologation du rôle par le préfet ».

Dans cette requête vous exposerez que le Conseil municipal de votre commune malgré votre réclamation (2) a refusé de vous inscrire au rôle des affouagistes, que cependant : 1° vous êtes — chef de famille, c'est-à-dire que vous avez un logement où vous prenez votre nourriture en compagnie de votre femme et de vos enfants — ou chef de ménage, c'est-à-dire que vous avez un logement où vous préparez et prenez votre nourriture — 2° vous aviez avant la publication du rôle et pendant le laps de temps fixé par le conseil municipal domicile réel et fixe dans la commune ; qu'en effet, le centre de vos intérêts, votre principal établissement est dans la commune, et que vous l'habitez presque continuellement. —

Le Conseil municipal aura à répondre à votre mémoire par un autre mémoire où il exposera les raisons qui ont motivé sa décision à votre égard. Ce mémoire vous sera communiqué ; vous pourrez ainsi apprécier la valeur des arguments qu'on vous oppose ; il sera inutile d'y répondre par un nouveau mémoire, vous le ferez de vive voix le jour où l'affaire viendra devant le Conseil de Préfecture pour être plaidée. Là, votre adversaire et vous (3), vous développerez les conclusions que vous aurez prises dans vos mémoires respectifs. Si vous êtes d'accord sur les faits, le Conseil de

(1) Conseil d'Etat, 13 décembre 1901. S. 1904, 3, 110.
Conseil d'Etat, 14 avril 1905. S. 1907, 3, 45.

(2) Il faut en effet, pour que votre recours soit valable, que vous ayiez auparavant protesté au conseil municipal contre votre non-inscription.

(3) Vous pouvez plaider vous-même votre affaire ou vous faire représenter. Dans ce dernier cas, si la personne qui vous représente n'est ni un avocat, ni un avoué, vous devrez lui donner un pouvoir sur papier timbré et dûment enregistré.

préfecture n'aura qu'à statuer en appliquant la loi. Si au contraire, ce qui est fort probable, vous n'êtes pas d'accord sur ces faits, le Conseil de préfecture ordonnera une expertise. A votre choix, vous pourrez demander un ou trois experts. S'il n'y a qu'un expert nommé, il le sera par le Conseil de préfecture lui-même, à moins, ce qui sera fort rare, que votre adversaire et vous, vous ne vous accordiez pour le désigner. (Loi du 22 juillet, 1889, art. 3), Le Conseil désignera presque toujours un fonctionaire retraité qui très souvent sera tenté de donner quand même raison à la commune en rédigeant un rapport qui lui sera complètement favorable. S'il y en a trois, votre adversaire et vous en nommerez chacun un, le Conseil de préfecture désignera le troisième. Les frais occasionnés dans ce dernier cas seront plus considérables, mais les garanties d'impartialité plus sérieuses.

Quoiqu'il arrive vous serez avisé du jour et de l'heure de l'expertise ; à ce sujet vous vous reporterez aux conseils que je vous ai donnés plus haut. De plus, je vous engage à faire eonsigner dans son rapport par l'expert toutes les dépositions des témoins que vous aurez fait entendre, dépositions que les témoins signeront. Au besoin, vous lui adresserez une réquisition par écrit d'avoir à le faire ; de cette réquisition il devra vous donner acte. —

Très souvent, les experts réclament au demandeur le montant de leurs honoraires avant de déposer leur rapport, refusant de déposer celui-ci, si on ne leur donne pas satisfaction. Quid ?

Le demandeur n'est pas obligé de faire cette avance : cela ressort des dispositions de l'art. 23 de la loi du 22 juillet 1889, aux termes duquel « les experts doivent joindre à leur rapport un état de leurs vacations, frais et honoraires. La liquidation et la taxe en sont faites par arrêté du Président du Conseil de préfeetnre, conformément à un tarif fixé par un réglement d'administration publique. »

La partie condamnée aux dépens ne doit que le montant de la taxe, et l'état, pour être taxé, doit être déposé. Or, cet état doit être joint au rapport, Donc le rapport doit être déposé pour que l'état soit taxé. Donc le demandeur n'est pas obligé de faire l'avance des frais et honoraires dûs aux experts avant que le rapport ne soit déposé. —

Mais quid si les experts refusent de déposer leur rapport ? — Les experts sont obligés de déposer leur rapport dans le délai fixé par le Conseil de préfecture (art. 16, L. du 22 juillet 89) et s'ils ne le font pas ils peuvent être condamnés à tous les frais frustratoires et à des dommages et intérêts, s'il y a lieu. Et si le Conseil de préfecture n'a pas fixé à l'avance un délai pour le dépôt du rapport, les parties peuvent après un certain laps de temps, s'adresser à lui et lui demander de déterminer. dans un arrêté spécial, le délai laissé aux experts pour terminer leur travail. —

Après le dépôt du rapport dont vous pourrez prendre connaissance au greffe dans le délai de quinze jours, l'affaire viendra de nouveau devant le Conseil de préfecture pour être plaidée sur l'expertise, Si celle-ci vous est favorable, vous demanderez purement et simplement l'homologation du rapport des experts. Si. au coutraire, elle vous est défavorable. et si. dans ce cas, vous croyez que les faits exposés dans le rapport sont contraires à la réalité, vous pourrez demander au Conseil de préfecture de décider que M. le Conseiller-Rapporteur se rendra sur les lieux. les examinera et entendra des témoins.

Le Conseil de préfecture fera droit ou non à votre demande. Si non, l'affaire sera mise en délibéré, vous n'aurez qu'à attendre le prononcé de l'arrêté. Si oui, vous agirez devant M, le conseiller-rapporteur comme vous avez agi devant les experts ; l'affaire reviendra une troisième fois devant le Conseil, sera plaidée et il sera statué.

Le Conseil de préfecture vous donnera raison ou tort.

S'il vous donne raison, vous le notifierez par ministère

d'huissier à votre adversaire, en l'espèce au Maire de la commune qui devra le mettre à exécution (art. 52 et 57, L. 1889).

S'il vous donne tort, vous pourrez ou vous incliner ou vous adresser au Conseil d'Etat. Ce recours au Conseil d'Etat doit être formé dans les deux mois qui suivent le jour où la décision a été notifiée par la partie gagnante. Et la simple notification par l'intermédiaire du secrétaire-greffier ne saurait faire courir le délai d'appel. —

Une petite difficulté peut se présenter : Quels seraient vos droits dans le cas où la commune aurait succombé dans l'instance et où, par suite des longueurs de procédure, l'affouage aurait été partagé, le Conseil municipal n'ayant pas réservé une portion de bois ?

Le Conseil d'Etat a décidé que « la commune qui a refusé à tort à un ayant-droit une portion d'affouage doit être condamnée, si elle ne peut lui délivrer cette portion, à lui en payer la valeur en argent » (1).

Mais qu'est-ce que cette « valeur en argent » ? Est-ce le prix marchand, ou le prix payé par chaque ayant-droit ?

Nous pensons qu'il s'agit du prix marchand. Nous trouvons ici, en effet, une application du principe de responsabilité posé par l'art. 1382 du Code civil. La commune doit réparer le dommage qu'elle a causé par sa faute. Or la perte subie par l'ayant-droit est égale au prix marchand. Il a besoin de la portion d'affouage à laquelle il a droit ; il doit l'acheter ; la commune nous paraît tenue de lui rembourser le prix payé.

Une autre hypothèse peut se présenter relativement à la confection du rôle d'affouage ; le Conseil municipal a inscrit indument sur le rôle des individus qui ne remplissaient pas les conditions exigées par la loi pour pouvoir y figurer ; tout habitant de la commune peut-il demander en son propre nom au Conseil de préfecture la radiation de ces individus ? —

(1) Arrêts du 8 mai 1896. D. 97. 3, 46, et du 8 août 1899. D. 1900, 5. 13.

Non. — Pour qu'une action contentieuse soit recevable, il faut, en effet, que celui qui l'intente ait un intérêt « direct et personnel ». Cet intérêt direct et personnel n'existe pas ici ; l'attribution du bois de chauffage ne serait augmentée qu'au profit de la collectivité. (1).

Tout ce que pourrait faire cet habitant, ce serait présenter par la voie gracieuse des observations ou réclamations à M. le préfet pour le déterminer à refuser son approbation au rôle définitif ; — ou, s'appuyant sur l'art. 49 de la loi du 18 juillet 1837, agir *au nom* de la commune si celle-ci s'abstenait de le faire.

A MES LECTEURS

En écrivant ces lignes, je n'ai eu que le but de vous être utile. Puissé-je avoir réussi. Ce sera certainement là ma plus belle récompense.

G. H.

(1) Arrêté du Conseil de Préfecture de la Haute-Saône, du 17 avril 1901.

TABLE DES MATIÈRES

CONDITIONS DE PARTICIPATION AU PARTAGE PAR FEU

VOIES DE RECOURS

www.ingramcontent.com/pod-product-compliance
Ingram Content Group UK Ltd.
Pitfield, Milton Keynes, MK11 3LW, UK
UKHW020547230726
13925UKWH00006B/2442